Fun Chinese for Kids

Mother and child can study together

快乐儿童汉语

Compiled by SISA Chinese Culture Center

2

FORWORD

First, teach children to speak.
Learning Chinese will become easy.

Learn how to speak first

As people become more and more interested in the Chinese language, the number of Chinese learners is increasing fast. However, it is always difficult to make up one's mind to start learning Chinese, and even those who start often give up later. If asked the reason why, they usually say: "It is too difficult to pronounce."

Chinese is a "tonal" language, which means that a single syllable can be pronounced at different pitches, and syllables of different pitches have different meanings. For this reason most people find the Chinese language difficult to learn. Therefore it is important to study pronunciation and tones first. If you learn accurate pronunciation and tones, you will have a basic command of Chinese.

Children who know nothing about grammar can learn a foreign language faster than adults. That's because they simply imitate what they hear, and remember "the language itself" rather than memorizing complicated rules of grammar. Therefore, beginning with correct pronunciation and tones is a shortcut for children to learn the rest of the language.

First of all, you must "open" a child's ears and mouth.

People who have been studying a foreign language for a long time often do not speak well when meeting foreigners, simply because they focus too much on grammar and words.

This textbook is designed using dialogues applicable to children's everyday life. While studying this textbook, you can listen to the accompanying cassette tapes to hear dialogues between native speakers. Practicing and reciting these dialogues will lead a child's ears and mouth to "open" naturally.

Through listening and speaking, a child's ears and mouth will be opened in the following ways:
1. As this is an interesting way of learning, children feel a greater affinity for Chinese.
2. They will naturally pick up the grammar patterns in the "dialogues".
3. They will be able to use these expressions correctly.

Try to arouse their interest in *Fun Chinese for Kids* early on, and start teaching them soon. The younger children are, the better their memory is.

Learn words through pictures, and learn conversations through recorded tapes.

■ Pronunciation, including initials and finals, are taught using funny cartoons. Kids can quickly and easily associate these pictures with Chinese characters.

■ The included "cassette tapes of conversations" are for centralized training for listening and speaking. Listen to the native speakers' accurate pronunciations and tones, and, just like listening to a song, you will learn with your ears first, and eventually be able to speak it out yourself.

■ Detailed descriptions of tones, one of the most important characteristics of the Chinese language, are provided. For every tone many examples are provided for practice, which will introduce natural and accurate pronunciation into children's ears and mouths.

■ We have listed the "rules of tones" which make pronunciation much clearer and easier to master.

■ We also use many typical Chinese names as examples so that kids will become familiar with them.

■ Adults who want to learn conversation-oriented instead of grammar-oriented Chinese can also begin with this textbook.

Contents

Foreword 2
Chinese *pinyin* (initials and finals) 6
Review of tones 8

1 你想要什么？ What do you want? 10

2 想要什么样的照相机？ 14
What kind of camera do you want?

3 不漂亮 It is not beautiful. 16

叫声游戏 Game of animals' call 20

4 数目的数法 How do you count? 22

5 要去哪儿？ Where are you going? 26

6 几点起床？ When do you get up? 28

数数看 Let's count. 30

Do re mi 31

7 要吃什么？ What do you want to eat? 32

8 不去 I won't go. 34

9 会吗？ Can you? 36

10 在哪儿？ Where is it? 38

11 在哪儿？ Where are you? 42

    Christmas bells 46

    Chinese family dishes 47

12 在哪里做什么？ Where do we (do something)? 48

13 我的一天 One day of mine 50

14 我不要看电视 I do not want to watch TV 54

15 站起来吧／请站起来 Stand up/Please stand up 56

    大象 Elephant 60

    Come and visit some Chinese sightseeing spots 61

16 我想坐下！ I want to sit down. 62

17 昨天热吗？ Was it hot yesterday? 64

18 吃了什么？ What did you eat? 70

19 怎么去的（呢）？ How did you get there? 74

20 看电视了吗？ Did you watch TV? 78

21 站起来！ Stand up. 80

Appendices 83

Chinese Pinyin-Initials

b　p　m　f

d　t　n　l

g　k　h

j　q　x

zh　ch　sh　r

z　c　s

Chinese Pinyin—Finals

a	o	e	i(yi)	u(wu)	ü(yu)
ai	ei	ao	ou		
an	en	ang	eng	er	

ia(ya)	ie(ye)	iao(yao)	iu(you)
ian(yan)	in(yin)	iang(yang)	ing(ying)
ua(wa)	uo(wo)	uai(wai)	ui(wei)
uan(wan)	un(wen)	uang(wang)	ung(weng)
ong	üe(yue)	üan(yuan)	
ün(yun)	iong(yong)		

Review of Tones

1. The first tone is the "so" sound of the seven basic musical tones. It is high and level.

    猪 zhū (pig)

2. The second tone starts in the mid-range and then rises.

    学习 xuéxí (study)

3. The third tone first falls towards the lower registers, and then rises again.

    脚 jiǎo (foot)

4. The fourth tone has a falling sound, like the word "Hey!" spoken in a short, forceful tone.

    再见 zàijiàn (goodbye)

5. The light tone is pronounced quickly and lightly. It is not marked.

    朋友 péngyou (friend)

Rules of tone changes:

1. 3rd tone(∨)+ 3rd tone(∨) ➡ 2nd tone(/)+ 3rd tone(∨)

2. 3rd tone(∨)+1st tone(-) ➡ half 3rd tone(∨)+ 1st tone(-)

       2nd tone(/)   2nd tone(/)
       4th tone(\)   4th tone(\)
       light tone   light tone

3. 一(yī) + 4th tone(\) ➡ 一(yí) + 4th tone(\)

      不(bù)   不(bú)

4. 一(yī) +1st tone (-) ➡ 一(yì) +1st tone (-)

       2nd tone (/)   2nd tone (/)
       3rd tone (∨)   3rd tone (∨)

Let's set out to the world of Chinese!

1

你想要什么？

(1)

❶ 我想要照相机。

❷ 我想要电视游戏机。

❸ 我想要车子。

❹ 我想要哥哥和妹妹。

What do you want?

What are they saying

❶ wǒ xiǎng yào zhào xiàng jī
我想要照相机。
I want a camera.

❷ wǒ xiǎng yào diàn shì yóu xì jī
我想要电视游戏机。
I want a video game player.

❸ wǒ xiǎng yào chē zi
我想要车子。
I want a car.

❹ wǒ xiǎng yào gē ge hé mèi mei
我想要哥哥和妹妹。
I want an elder brother and a younger sister.

(2)

1. 我想要姐姐跟弟弟。

2. 我,照相机、妹妹、弟弟都不想要。

3. 真的吗?为什么?

What are they saying

❶ 我想要姐姐跟弟弟。
wǒ xiǎng yào jiě jie gēn dì di
I want an elder sister and a younger brother.

❷ 我，照相机、妹妹、弟弟都不想要。
wǒ, zhào xiàng jī mèi mei dì di dōu bù xiǎng yào
As for me, I do not want a camera, elder sister or younger brother.

❸ 真的吗？为什么？
zhēn de ma wèi shén me
Really? Why?

2 想要什么样的照相机？

1. 你想要什么样的照相机？
2. 我想要小的照相机。
3. 你想要什么样的车子呢？
4. 我想要红色的车。
5. 你想要什么样的妹妹？
6. 我想要活泼的妹妹。

14

What kind of camera do you want?

What are they saying

① nǐ xiǎng yào shén me yàng de zhào xiàng jī
你想要什么样的照相机？
What kind of camera do you want?

② wǒ xiǎng yào xiǎo de zhào xiàng jī
我想要小的照相机。
I want a small camera.

③ nǐ xiǎng yào shén me yàng de chē zi ne
你想要什么样的车子呢？
What kind of car do you want?

④ wǒ xiǎng yào hóng sè de chē
我想要红色的车。
I want a red car.

⑤ nǐ xiǎng yào shén me yàng de mèi mei
你想要什么样的妹妹？
What kind of younger sister do you want?

⑥ wǒ xiǎng yào huó po de mèi mei
我想要活泼的妹妹。
I want a lively sister.

LEARN SOME WORDS STEP BY STEP

小的 xiǎo de (small)
大的 dà de (big)
便宜的 piányi de (cheap)
美国的 Měiguó de (American)
漂亮的 piàoliang de (beautiful)
— 车子 chēzi (car)

小的 xiǎo de (small)
红的 hóng de (red)
新的 xīn de (new)
中国的 Zhōngguó de (Chinese)
漂亮的 piàoliang de (beautiful)
— 照相机 zhàoxiàngjī (camera)

3 不漂亮
(1)

1. 这件衣服漂亮吗?
2. 嗯,漂亮。
3. 这双鞋子漂亮吗?
4. 不,不漂亮。
5. 你喜欢蛇吗?
6. 不,不喜欢,讨厌

It is not beautiful.

What are they saying

❶ zhè jiàn yī fu piào liang ma
这件衣服漂亮吗? *good looking, lovely*
Is this suit of clothes beautiful?

❷ ǹg piào liang
嗯，漂亮。
Yes, it is.

❸ zhè shuāng xié zi piào liang ma
这双鞋子漂亮吗?
Are these shoes beautiful?

❹ bù bú piào liang
不，不漂亮。
No. They are not beautiful.

❺ nǐ xǐ huan shé ma
你喜欢蛇吗?
Do you like snakes?

❻ bù bù xǐ huan tǎo yàn
不，不喜欢，讨厌
No. I hate them. They are disgusting!

(2)

① 你汉语很行吗?

② 不,还不行。

③ 天佑,你怎么了?没有精神。

④ 我生病了。

What are they saying

① nǐ hàn yǔ hěn xíng ma
你汉语很行吗？
Are you good at Chinese?

② bù hái bù xíng
不，还不行。
No, I am not.

③ tiān yòu nǐ zěn me le méi yǒu jīng shen
天佑，你怎么了？没有精神。
Tianyou, what's the matter? You don't look well.

④ wǒ shēng bìng le
我生病了。
I am ill.

叫声游戏
Game of Animals' Call

lǎo shī jiào le jiào le
老师：叫了，叫了。

xué sheng shén me jiào le
学 生：什么叫了？

lǎo shī gǒu jiào le
老师：狗叫了！

xué sheng wāng wāng
学 生：汪！汪！

1. zhū / hēng—hēng—
   猪 / 哼—哼—
   (pig)

2. gǒu / wāng wāng
   狗 / 汪—汪—
   (dog)

3. māo / miāo
   猫 / 喵—
   (cat)

4. xiǎo jī / jī jī
   小鸡 / 叽叽
   (chicken)

5. mǎ / sī
   马 / 嘶—
   (horse)

20

6. **牛** niú 哞—哞— mōu mōu
(cow)

7. **老鼠** lǎo shǔ 吱—吱— zhī zhī
(mouse)

8. **乌鸦** wū yā 嘎—嘎— gā gā
(crow)

9. **麻雀** má què 啾 啾 jiū jiū
(sparrow)

10. **鸡** jī 喔 喔 wō wō
(cock)

11. **青蛙** qīng wā 呱 呱 guā guā
(frog)

12. **猴子** hóu zi 吱 吱 zhī zhī
(monkey)

13. **狐狸** hú li 吱 吱 zhī zhī
(fox)

14. **山羊** shān yáng 咩 咩 miē miē
(goat)

15. **蝉** chán 鸣 鸣 míng míng
(cicada)

21

数目的数法

(1)

1	一个 yí ge one	一张 yì zhāng one (piece of)
2	两个 liǎng ge two	两张 liǎng zhāng two (pieces of)
3	三个 sān ge three	三张 sān zhāng three (pieces of)
4	四个 sì ge four	四张 sì zhāng four (pieces of)
5	五个 wǔ ge five	五张 wǔ zhāng five (pieces of)
6	六个 liù ge six	六张 liù zhāng six (pieces of)
7	七个 qī ge seven	七张 qī zhāng seven (pieces of)
8	八个 bā ge eight	八张 bā zhāng eight (pieces of)
9	九个 jiǔ ge nine	九张 jiǔ zhāng nine (pieces of)
10	十个 shí ge ten	十张 shí zhāng ten (pieces of)
?	几个？ jǐ ge how many	几张？ jǐ zhāng how many (pieces of)

How do you count?

1	一辆 yí liàng one (vehicle)	一楼 yī lóu 1st (floor)
2	两辆 liǎng liàng two (vehicles)	二楼 èr lóu 2nd (floor)
3	三辆 sān liàng three (vehicles)	三楼 sān lóu 3rd (floor)
4	四辆 sì liàng four (vehicles)	四楼 sì lóu 4th (floor)
5	五辆 wǔ liàng five (vehicles)	五楼 wǔ lóu 5th (floor)
6	六辆 liù liàng six (vehicles)	六楼 liù lóu 6th (floor)
7	七辆 qī liàng seven (vehicles)	七楼 qī lóu 7th (floor)
8	八辆 bā liàng eight (vehicles)	八楼 bā lóu 8th (floor)
9	九辆 jiǔ liàng nine (vehicles)	九楼 jiǔ lóu 9th (floor)
10	十辆 shí liàng ten (vehicles)	十楼 shí lóu 10th (floor)
?	几辆？ jǐ liàng how many (vehicles)	几楼？ jǐ lóu which (floor)

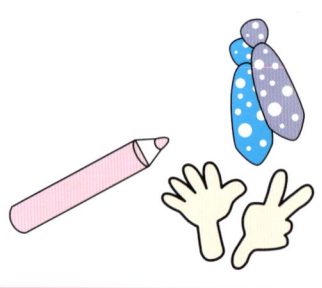

(2)

1	一本 yì běn one (copy)	一支 yì zhī one (piece)
2	两本 liǎng běn two (copies)	两支 liǎng zhī two (pieces)
3	三本 sān běn three (copies)	三支 sān zhī (tiáo) three (pieces)
4	四本 sì běn four (copies)	四支 sì zhī (tiáo) four (pieces)
5	五本 wǔ běn five (copies)	五支 wǔ zhī (tiáo) five (pieces)
6	六本 liù běn six (copies)	六支 liù zhī (tiáo) six (pieces)
7	七本 qī běn seven (copies)	七支 qī zhī (tiáo) seven (pieces)
8	八本 bā běn eight (copies)	八支 bā zhī (tiáo) eight (pieces)
9	九本 jiǔ běn nine (copies)	九支 jiǔ zhī (tiáo) nine (pieces)
10	十本 shí běn ten (copies)	十支 shí zhī (tiáo) ten (pieces)
?	几本？ jǐ běn how many (copies)	几支？ jǐ zhī (tiáo) how many (pieces)

24

1	一只 yì zhī one	一个人 yí ge rén one (person)
2	两只 liǎng zhī two	两个人 liǎng ge rén two (persons)
3	三只 sān zhī three	三个人 sān ge rén three (persons)
4	四只 sì zhī four	四个人 sì ge rén four (persons)
5	五只 wǔ zhī five	五个人 wǔ ge rén five (persons)
6	六只 liù zhī six	六个人 liù ge rén six (persons)
7	七只 qī zhī seven	七个人 qī ge rén seven (persons)
8	八只 bā zhī eight	八个人 bā ge rén eight (persons)
9	九只 jiǔ zhī nine	九个人 jiǔ ge rén nine (persons)
10	十只 shí zhī ten	十个人 shí ge rén ten (persons)
?	几只? jǐ zhī how many	几个人? jǐ ge rén how many(persons)

5 要去那儿？

升泰，❶你要去哪儿？

❷要去双清家。

❸我也要去。

红棉，❹你要去哪儿？

❺要去学校。

老师，❻你要去哪儿？

❼要去教室。

Where are you going?

What are they saying

① shēng tài, nǐ yào qù nǎr
升泰，你要去哪儿？
Shengtai, where are you going?

② yào qù shuāng qīng jiā
要去双清家。
I am going to Shuangqing's home.

③ wǒ yě yào qù
我也要去。
I want to go, too.

④ hóng mián, nǐ yào qù nǎr
红棉，你要去哪儿？
Hongmian, where are you going?

⑤ yào qù xué xiào
要去学校。
I am going to school.

⑥ lǎo shī, nǐ yào qù nǎr
老师，你要去哪儿？
Teacher, where are you going?

⑦ yào qù jiào shì
要去教室。
I am going to the classroom.

6 几点起床？

1. 星期天你几点起床？
2. 八点起床。
3. 星期一你几点起床？
4. 七点起床。
5. 星期六你几点睡觉？
6. 十点睡。
7. 明天你要几点睡觉？
8. 九点睡。

When do you get up?

What are they saying

1. xīng qī tiān nǐ jǐ diǎn qǐ chuáng
   星期天你几点起床？
   When do you get up on Sundays?

2. bā diǎn qǐ chuáng
   八点起床。
   At eight o'clock.

3. xīng qī yī nǐ jǐ diǎn qǐ chuáng
   星期一你几点起床？
   When do you get up on Mondays?

4. qī diǎn qǐ chuáng
   七点起床。
   At seven o'clock.

5. xīng qī liù nǐ jǐ diǎn shuì jiào
   星期六你几点睡觉？
   When do you go to bed on Saturdays?

6. shí diǎn shuì
   十点睡。
   At ten o'clock.

7. míng tiān nǐ yào jǐ diǎn shuì jiào
   明天你要几点睡觉？
   When will you go to bed tomorrow?

8. jiǔ diǎn shuì
   九点睡。
   At nine o'clock.

数数看
Let's Count

nǚ hái zi yǒu jǐ ge
女孩子有几个？
How many girls are there?

nán hái zi yǒu jǐ ge
男孩子有几个？
How many boys are there?

cháng de qiān bǐ yǒu jǐ zhī
长的铅笔有几支？
How many long pencils are there?

duǎn de qiān bǐ yǒu jǐ zhī
短的铅笔有几支？
How many short pencils are there?

dà de píng guǒ yǒu jǐ ge
大的苹果有几个？
How many big apples are there?

xiǎo de píng guǒ yǒu jǐ ge
小的苹果有几个？
How many small apples are there?

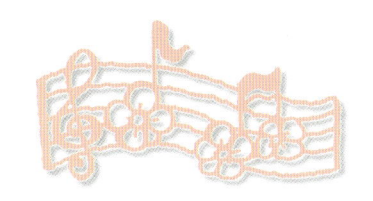

Do re mi

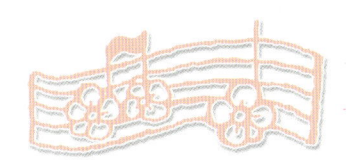

Do 唱歌儿快乐多，
Re 就不要掉眼泪，
Mi 你真是太甜蜜，
Fa 我有个好办法，
Sol 你不要太啰嗦，
La 把烦恼抛开啦，
xi 我对你笑嘻嘻，唱起歌来快乐多。

7 要吃什么？

① 毛毛，你要吃什么？

② 我要吃方便面。

③ 明明，你要吃什么？

④ 我要吃饭。

⑤ 跟谁一起？

⑥ 跟妈妈一起。

What do you want to eat?

What are they saying

① máo mao, nǐ yào chī shén me
毛毛，你要吃什么？
Maomao, what do you want to eat?

② wǒ yào chī fāng biàn miàn
我要吃方便面。
I want to eat instant noodles.

③ míng ming, nǐ yào chī shén me
明明，你要吃什么？
Mingming, what do you want to eat?

④ wǒ yào chī fàn
我要吃饭。
I want to eat rice.

⑤ gēn shéi yì qǐ
跟谁一起？
With whom?

⑥ gēn mā ma yì qǐ
跟妈妈一起。
With my mother.

不去

① 南王，你要去公园吗？

② 不，不去，我要去学校。

③ 贝贝，你要去面包店吗？

④ 不，不去，我要去书店。

I won't go.

What are they saying

① nán wáng, nǐ yào qù gōng yuán ma
南王，你要去公园吗？
Nanwang, will you go to the park?

② bù, bú qù, wǒ yào qù xué xiào
不，不去，我要去学校。
No, I won't. I will go to school.

③ bèi bei, nǐ yào qù miàn bāo diàn ma
贝贝，你要去面包店吗？
Beibei, will you go to the bakery?

④ bù, bú qù, wǒ yào qù shū diàn
不，不去，我要去书店。
No, I won't. I will go to the bookstore.

LEARN SOME WORDS STEP BY STEP

玩具店 wánjùdiàn
toyshop

书店 shūdiàn
bookstore

面包店 miànbāodiàn
bakery

花店 huādiàn
florist

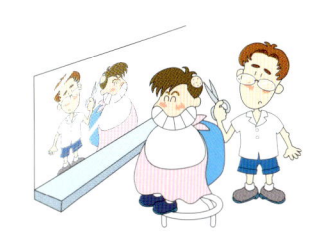

理发店 lǐfàdiàn
hairdressers'

电影院 diànyǐngyuàn
cinema

9 会吗?

① 你会说英语吗?

② 当然会。

③ 你会用电脑吗?

④ 不,不会。

⑤ 那,游泳呢?

⑥ 不会。

⑦ 那,你会什么?

⑧ 我会弹钢琴。

Can you?

What are they saying

① nǐ huì shuō yīng yǔ ma
 你会说英语吗？
 Can you speak English?

② dāng rán huì
 当然会。
 Yes, of course.

③ nǐ huì yòng diàn nǎo ma
 你会用电脑吗？
 Can you use a computer?

④ bù, bú huì
 不，不会。
 No, I can't.

⑤ nà, yóu yǒng ne
 那，游泳呢？
 What about swimming?

⑥ bú huì
 不会。
 No, I can't swim.

⑦ nà, nǐ huì shén me
 那，你会什么？
 Then, what can you do?

⑧ wǒ huì tán gāng qín
 我会弹钢琴。
 I can play the piano.

10 在哪儿？

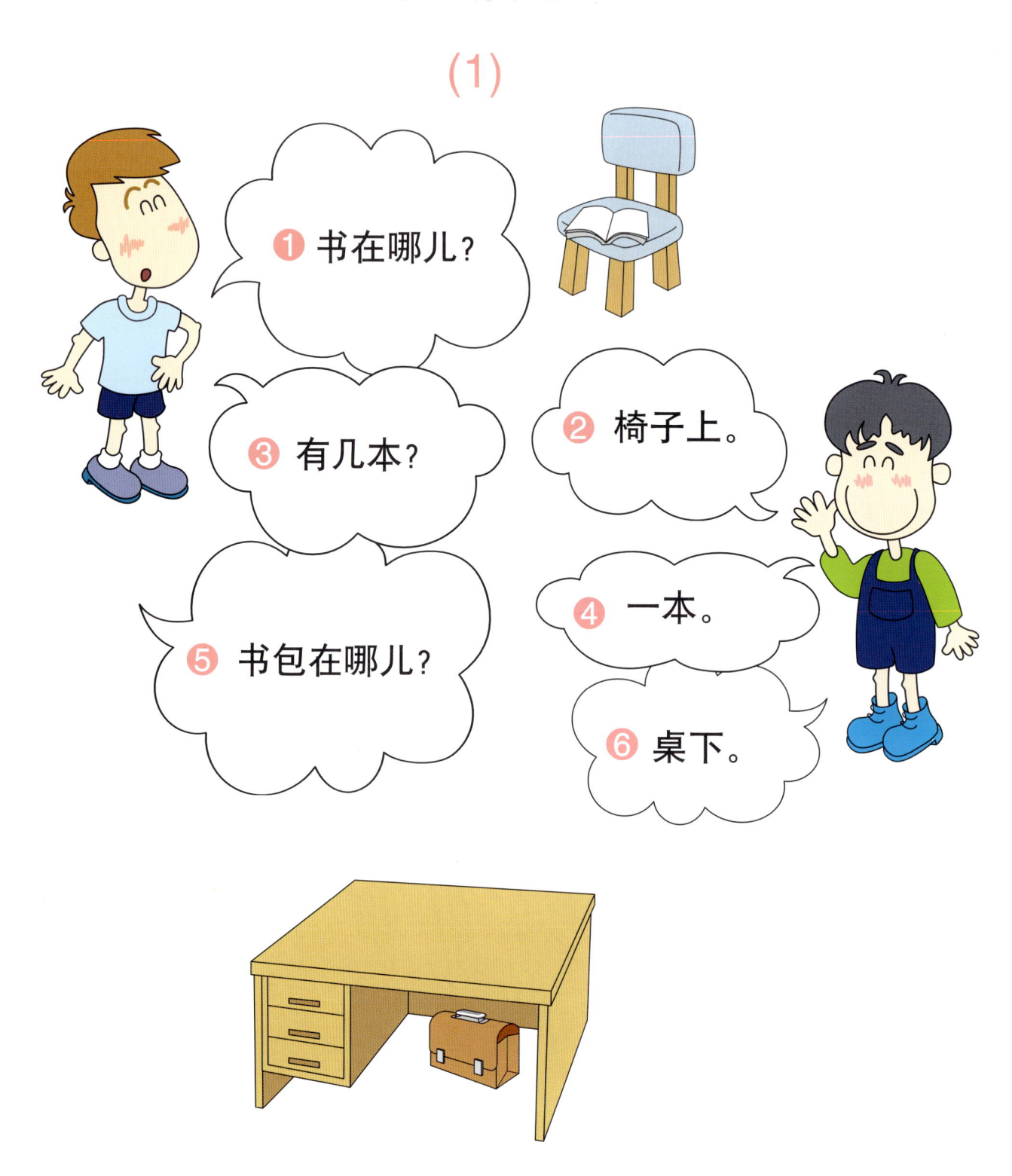

(1)

① 书在哪儿？

② 椅子上。

③ 有几本？

④ 一本。

⑤ 书包在哪儿？

⑥ 桌下。

Where is it?

What are they saying

① shū zài nǎr
书在哪儿？
Where is the book?

② yǐ zi shang
椅子上。
It is on the chair.

③ yǒu jǐ běn
有几本？
How many copies are there?

④ yì běn
一本。
There is one copy.

⑤ shū bāo zài nǎr
书包在哪儿？
Where is the bag?

⑥ zhuō xià
桌下。
It is under the desk.

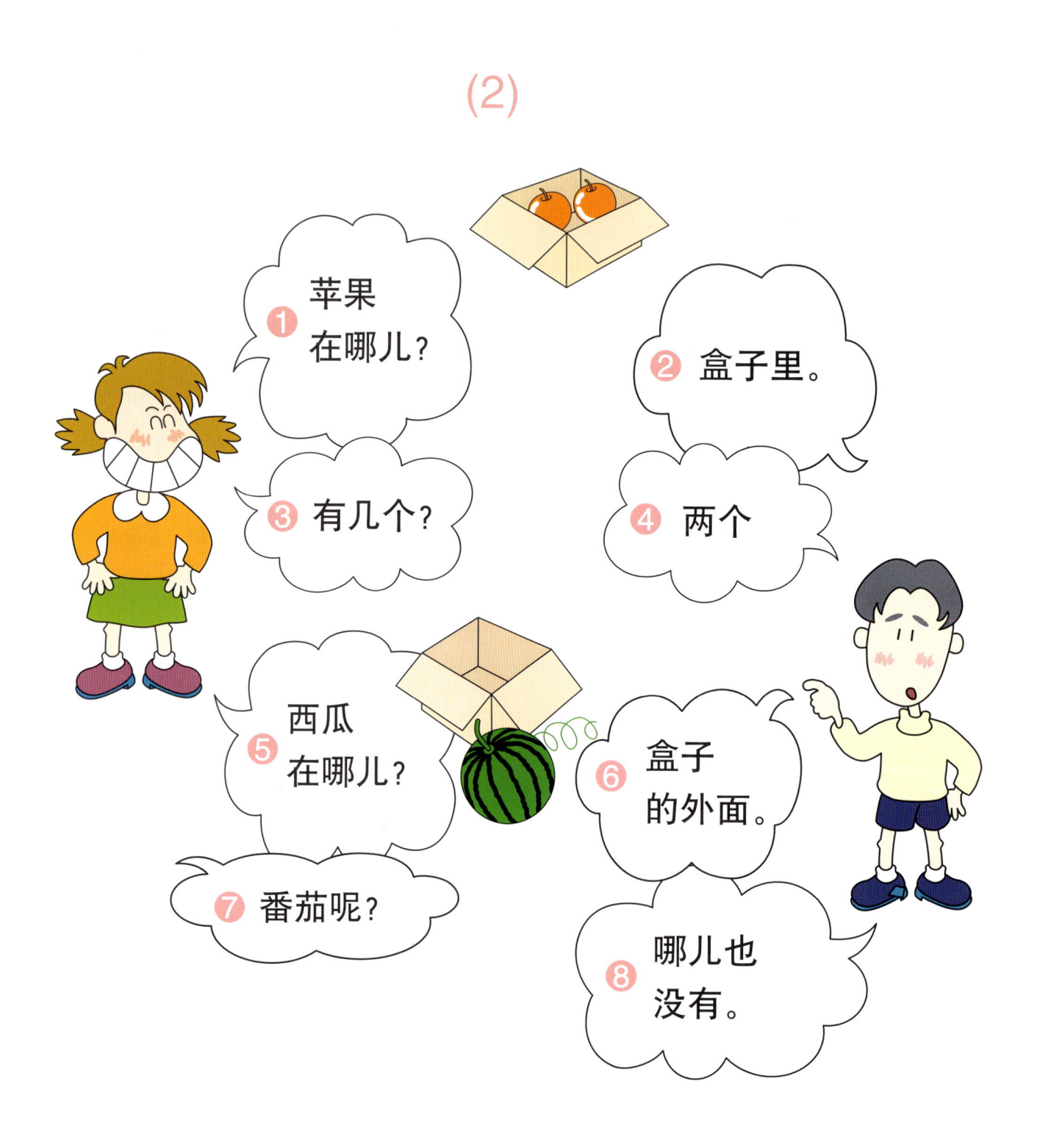

(2)

❶ 苹果在哪儿？

❷ 盒子里。

❸ 有几个？

❹ 两个

❺ 西瓜在哪儿？

❻ 盒子的外面。

❼ 番茄呢？

❽ 哪儿也没有。

What are they saying

1. píng guǒ zài nǎr
   苹果在哪儿？
   Where is the apple?

2. hé zi li
   盒子里。
   It is in the box.

3. yǒu jǐ ge
   有几个？
   How many are there?

4. liǎng ge
   两个。
   There are two.

5. xī guā zài nǎr
   西瓜在哪儿？
   Where is the watermelon?

6. hé zi de wài mian
   盒子的外面。
   It is outside the box.

7. fān qié ne
   番茄呢？
   What about tomato?

8. nǎr yě méi yǒu
   哪儿也没有。
   There is no tomato.

11 在哪儿？

1. 小狗！你在哪儿？
2. 猪！你在哪儿？
3. 老鼠！你在哪儿？
4. 乌鸦！你在哪儿？
5. 猴子！你在哪儿？
6. 小猫！你在哪儿？
7. 老师在哪儿？

④ 嘎－嘎－，书桌上。

⑤ 吱吱，书桌后面。

① 汪汪，书桌的左边。

③ 吱吱 书桌下。

⑥ 喵，书桌的右边。

⑦ 老师 没有 在这儿。

② 哼－哼－，书桌的前面。

43

Where are you?

What are they saying

① xiǎo gǒu nǐ zài nǎr
小狗！你在哪儿？
Where are you, little dog?

② zhū nǐ zài nǎr
猪！你在哪儿？
Where are you, pig?

③ lǎo shǔ nǐ zài nǎr
老鼠！你在哪儿？
Where are you, mouse?

④ wū yā nǐ zài nǎr
乌鸦！你在哪儿？
Where are you, crow?

⑤ hóu zi nǐ zài nǎr
猴子！你在哪儿？
Where are you, monkey?

⑥ xiǎo māo nǐ zài nǎr
小猫！你在哪儿？
Where are you, little cat?

⑦ lǎo shī zài nǎr
老师在哪儿？
Where is the teacher?

What are they saying

1. wāngwāng　shū zhuō de　zuǒ biɑn
   汪汪，书桌的左边。
   On the left side of the desk.

2. hēng-　hēng-　shū zhuō de qián miɑn
   哼—哼—，书桌的前面。
   In front of the desk.

3. zhī zhī　shū zhuō xià
   吱吱，书桌下。
   Under the desk.

4. gā-　gā-　shū zhuō shɑng
   嘎—嘎—，书桌上。
   On the desk.

5. zhī zhī　shū zhuō hòu miɑn
   吱吱，书桌后面。
   Behind the desk.

6. miāo　shū zhuō de yòu biɑn
   喵，书桌的右边。
   On the right side of the desk.

7. lǎo shī méi you zài zhè r
   老师没有在这儿。
   The teacher is not here.

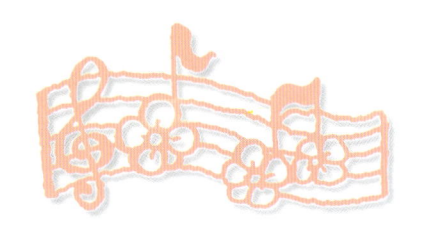

圣诞铃声
Christmas Bells

叮铃当，叮铃当铃声响亮。
带给你好运到快乐又逍遥。
叮铃当，叮铃当铃声响亮。
带给你好运到快乐又逍遥。
看白雪飘飘，飘飘向四郊，
那车儿辚辚，那马儿萧萧，
看圣诞老人，他翩然来到，
你来看他白晰白发
两道白眉毛。

圣诞铃声

叮铃当，叮铃当 铃声响亮。
带给你 好运到 快乐又逍遥。
叮铃当，叮铃当 铃声响亮。
带给你 好运到 快乐又逍遥。看
白雪飘—飘，飘飘向四郊，那
车儿辚—辚，那马儿萧萧，看
圣诞老—人，他翩然来到，
你来看他白晰白发两道白眉毛。

D.C.

Chinese Family Dishes

Dumplings

Jiaozi in Chinese means dumplings boiled in water.

Dumplings which are fried are called fried dumplings. Fried dumplings are called *guotie*.

Dumplings which are steamed are called steamed dumplings.

Noodles

There are many kinds of noodles in China.
The following two kinds originated in Beijing.
--Chinese noodles with fried sauce
--Longevity noodles

Cake

The most popular cake in China is the spring roll.
The most common cake is the simple family cake.

12

在哪里做什么？

① 在哪里吃饭？

② 在家。

③ 在哪里读书？

④ 在树上。

⑤ 在哪里喝果汁？

⑥ 在餐厅。

LEARN SOME WORDS STEP BY STEP

餐厅 cāntīng
restaurant

快餐厅 kuàicāntīng
fast food restaurant

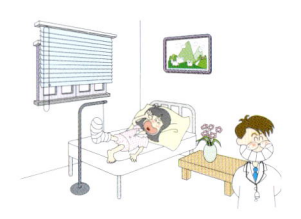

医院 yīyuàn
hospital

48

Where do we (do something)?
What are they saying

① zài nǎ li chī fàn
在哪里吃饭？
Where do you eat dinner?

② zài jiā
在家。
At home.

③ zài nǎ li dú shū
在哪里读书？
Where do you read books?

④ zài shù shang
在树上。
In the tree.

⑤ zài nǎ li hē guǒ zhī
在哪里喝果汁？
Where do you drink fruit juice?

⑥ zài cān tīng
在餐厅。
At the restaurant.

LEARN SOME WORDS STEP BY STEP

我房间 wǒ fángjiān
my room

朋友家 péngyou jiā
friend's home

初中学校 chūzhōng xuéxiào
junior middle school

13 我的一天

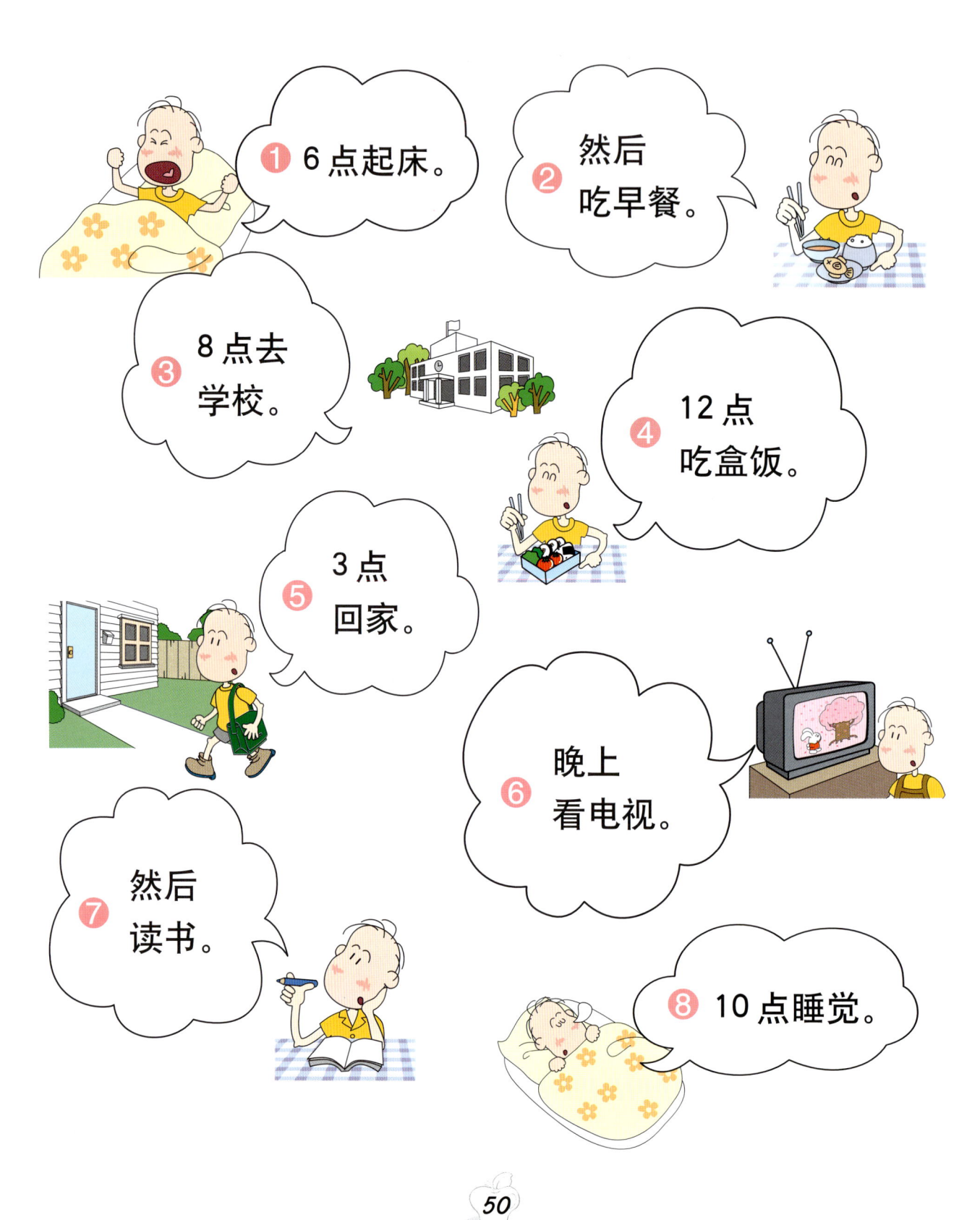

1. 6点起床。
2. 然后吃早餐。
3. 8点去学校。
4. 12点吃盒饭。
5. 3点回家。
6. 晚上看电视。
7. 然后读书。
8. 10点睡觉。

One day of mine

What are they saying

① liù diǎn qǐ chuáng
6点起床。
Get up at 6 am.

② rán hòu chī zǎo cān
然后吃早餐。
Then eat breakfast.

③ bā diǎn qù xué xiào
8点去学校。
Go to school at 8 am.

④ shí'èr diǎn chī hé fàn
12点吃盒饭。
Eat lunch at 12.

⑤ sān diǎn huí jiā
3点回家。
Go home at 3 pm.

⑥ wǎn shang kàn diàn shì
晚上看电视。
Watch TV in the evening.

⑦ rán hòu dú shū
然后读书。
Then do homework.

⑧ shí diǎn shuì jiào
10点睡觉。
Go to bed at 10 pm.

我的一天

7:00
qǐ chuáng
起床。 get up

7:30
chī zǎo cān
吃早餐。 eat breakfast

8:00
shàng xué
上学。 go to school

12:00
chī hé fàn
吃盒饭。 eat lunch

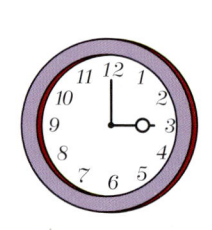

3:00
huí jiā
回家。 go home

3:30
qù yóu lè chǎng
去游乐场。
go to the playground

One day of mine

6:00
huí jiā
回家。 go home

7:00
chī wǎn cān
吃晚餐 eat supper

7:30
kàn diàn shì
看电视。 watch TV

8:00
dú shū
读书。 study

10:00
shuì jiào
睡 觉。 go to bed

14 我不要看电视

① 南王，你要看电视吗？

② 不，我不要看电视。

③ 那，你要做什么？

④ 看书。

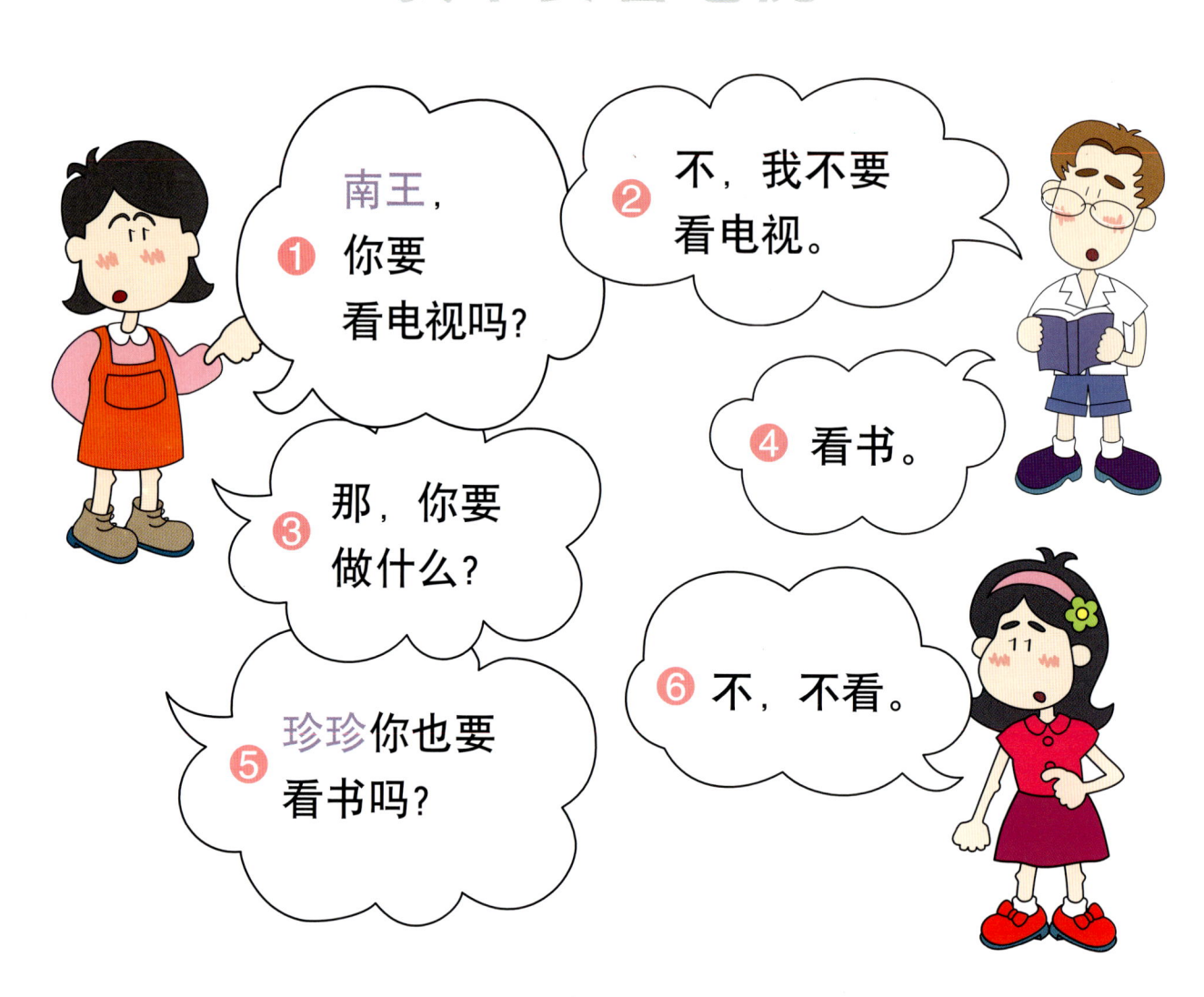

⑤ 珍珍你也要看书吗？

⑥ 不，不看。

LEARN SOME WORDS STEP BY STEP

唱 chàng
(sing)

不唱 bú chàng
(do not sing)

歌 gē
(song)

读 dú
(read)

不读 bù dú
(do not read)

书 shū
(book)

喝 hē
(drink)

不喝 bù hē
(do not drink)

果汁 guǒ zhī
(juice)

54

I do not want to watch TV.

What are they saying

① 南王，你要看电视吗？
   nán wáng， nǐ yào kàn diàn shì ma
Nanwang, do you want to watch TV?

② 不，我不要看电视。
   bù， wǒ bú yào kàn diàn shì
No, I don't want to watch TV.

③ 那，你要做什么？
   nà， nǐ yào zuò shén me
Then, what do you want to do?

④ 看书。
   kàn shū
I want to read.

⑤ 珍珍你也要看书吗？
   zhēn zhēn nǐ yě yào kàn shū ma
Zhenzhen, do you want to read too?

⑥ 不，不看。
   bù， bú kàn
No, I don't.

LEARN SOME WORDS STEP BY STEP

去 qù (go to)
不去 bú qù (not go to)
— 游乐场 yóulèchǎng (playground)

买 mǎi (buy)
不买 bù mǎi (do not buy)
— 面包 miànbāo (bread)

10点 shí diǎn (ten o'clock)
— 睡觉 shuìjiào (go to bed)
— 不睡觉 bú shuìjiào (do not go to bed)

55

15

站起来吧／请站起来

zhàn qǐ lai ba
站起来吧!
qǐng zhàn qǐ lai
请站起来!

Stand up!
Please stand up!

zuò xià ba
坐下吧!
qǐng zuò xià
请坐下!

Sit down!
Please sit down!

dǎ zhāo hu ba
打招呼吧!
qǐng dǎ zhāo hu
请打招呼!

Say hello!
Please say hello!

dào wài miàn qu ba
到外面去吧!
qǐng dào wàimiàn qu
请到外面去!

Go outside!
Please go outside!

dào zhè li lái ba
到这里来吧!
qǐng dào zhè li lái
请到这里来!

Come here!
Please come here!

Stand up/ Please stand up

zǒu lù ba
走路吧！

qǐng zǒu lù
请走路！

Walk!

Please walk!

huí jiā ba
回家吧！

qǐng huí jiā
请回家！

Go home!

Please go home!

tíng xià lai ba
停下来吧！

qǐng tíng xià lai
请停下来！

Stop!

Please stop!

shǒu jǔ qǐ lai ba
手举起来吧！

qǐng jǔ qǐ shǒu lai
请举起手来！

Raise your hands!

Please raise your hands!

shǒu fàng xià lai ba
手放下来吧！

qǐng bǎ shǒu fàng xià lai
请把手放下来！

Put your hands down!

Please put your hands down!

看吧／请看

kàn diàn shì ba
看电视吧！
qǐng kàn diàn shì
请看电视！

Watch TV!

Please watch TV!

kàn shū ba
看书吧！
qǐng kàn shū
请看书！

Read a book!

Please read a book!

chī fàn ba
吃饭吧！
qǐng chī fàn
请吃饭！

Eat dinner!

Please eat dinner!

hē guǒ zhī ba
喝果汁吧！
qǐng hē guǒ zhī
请喝果汁！

Drink juice!

Please drink juice!

dú shū ba
读书吧！
qǐng dú shū
请读书！

Read a book!

Please read a book!

58

Look/Please look

xiě hàn zì ba
写汉字吧！
qǐng xiě hàn zì
请写汉字！

Write Chinese characters!
Please write Chinese characters!

shuì jiào ba
睡觉吧！
qǐng shuì jiào
请睡觉！

Go to bed!
Please go to bed!

qǐ chuáng ba
起床吧！
qǐng qǐ chuáng
请起床！

Get up!
Please get up!

chàng gē ba
唱歌吧！
qǐng chàng gē
请唱歌！

Sing!
Please sing!

mǎi miàn bāo ba
买面包吧！
qǐng mǎi miàn bāo
请买面包！

Buy bread!
Please buy bread!

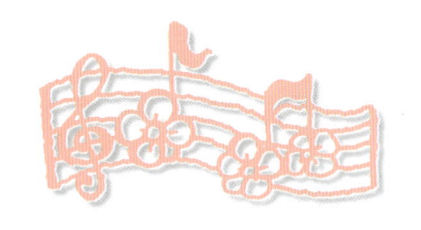

大象
Elephant

1. 大象，大象
你的鼻子怎么那么长？
妈妈说鼻子长才是漂亮。

2. 大象，大象
你是喜欢爸爸或妈妈？
我好像比较喜欢我的妈妈

大象

大－象　大－象，你 的鼻子 怎么那么长，
大－象　大－象，你 是喜欢 爸爸或妈妈，

妈 妈 说 鼻－子长 才是漂－亮。
我 好 像 比较喜欢 我的妈－妈。

Come and visit some Chinese sightseeing spots

zhēn hǎo kàn
真好看！
They are very beautiful.

天坛公园　tiāntán gōngyuán
Temple of Heaven

故宫　gùgōng
Forbidden City

万里长城　wànlǐ chángchéng
the Great Wall

雍和宫　yōnghégōng
Yonghegong Temple

16 我想坐下！

1. 好累！我想坐下！
2. 我想看电视！
3. 我想唱歌！
4. 我想睡觉！
5. 我想喝果汁！
6. 我什么也不想做。

I want to sit down.

What are they saying

① hǎo lèi! wǒ xiǎng zuò xia
好累！我想坐下！
I am so tired. I want to sit down.

② wǒ xiǎng kàn diàn shì
我想看电视！
I want to watch TV.

③ wǒ xiǎng chàng gē
我想唱歌！
I want to sing a song.

④ wǒ xiǎng shuì jiào
我想睡觉！
I want to go to bed.

⑤ wǒ xiǎng hē guǒ zhī
我想喝果汁！
I want to drink juice.

⑥ wǒ shén me yě bù xiǎng zuò
我什么也不想做。
I do not want to do anything.

17 昨天热吗?

1. 昨天热吗?
2. 不,不热。
3. 昨天冷吗?
4. 不,不冷。
5. 今天迟到了,怎么了?
6. 睡过头了。

Was it hot yesterday?

What are they saying

① zuó tiān rè ma
昨天热吗？！
Was it hot yesterday?

② bù bú rè
不，不热。
No, it wasn't.

③ zuó tiān lěng ma
昨天冷吗？
Was it cold yesterday?

④ bù bù lěng
不，不冷。
No, it wasn't.

⑤ jīn tiān chí dào le zěn me le
今天迟到了，怎么了？
Today you are late. What's the matter?

⑥ shuì guò tóu le
睡过头了。
I overslept.

不太……

(1)

	大	不太大
	很大	不大
	小	不太小
	很小	不小
	快	不太快
	很快	不快
	慢	不太慢
	很慢	不慢
	好吃	不太好吃
	很好吃	不好吃

Not very...

What are they saying

dà 大	big	bú tài dà 不太大	not very big
hěn dà 很大	very big	bú dà 不大	not big
xiǎo 小	small	bú tài xiǎo 不太小	not very small
hěn xiǎo 很小	very small	bù xiǎo 不小	not small
kuài 快	quick	bú tài kuài 不太快	not very quick
hěn kuài 很快	very quick	bú kuài 不快	not quick
màn 慢	slow	bú tài màn 不太慢	not very slow
hěn màn 很慢	very slow	bú màn 不慢	not slow
hǎo chī 好吃	delicious	bú tài hǎo chī 不太好吃	not very delicious
hěn hǎo chī 很好吃	very delicious	bù hǎo chī 不好吃	not delicious

67

(2)

困　　　　不太困
很困　　　不困

可爱　　　不太可爱
很可爱　　不可爱

怕　　　　不太怕
很怕　　　不怕

危险　　　不太危险
很危险　　不危险

What are they saying

| kùn 困 | sleepy | bú tài kùn 不太困 | not very sleepy |
| hěn kùn 很困 | very sleepy | bú kùn 不困 | not sleepy |

| kě ài 可爱 | lovely | bú tài kě ài 不太可爱 | not very lovely |
| hěn kě ài 很可爱 | very lovely | bù kě ài 不可爱 | not lovely |

| pà 怕 | scared | bú tài pà 不太怕 | not very scared |
| hěn pà 很怕 | very scared | bú pà 不怕 | not scared |

| wēi xiǎn 危险 | dangerous | bú tài wēi xiǎn 不太危险 | not very dangerous |
| hěn wēi xiǎn 很危险 | very dangerous | bù wēi xiǎn 不危险 | not dangerous |

18 吃了什么？

(1)

① 早上你吃了什么？

③ 多少？

⑤ 跟谁一起吃的？

② 面包和鸡蛋。

④ 面包一片，鸡蛋一个。

⑥ 跟弟弟。

What did you eat?

What are they saying

① zǎo shɑng nǐ chī le shén me
早上你吃了什么？
What did you eat for breakfast?

② miàn bāo hé jī dàn
面包和鸡蛋。
Bread and eggs.

③ duō shɑo
多少？
How many of each?

④ miàn bāo yí piàn   jī dàn yí ge
面包一片，鸡蛋一个。
One piece of bread and one egg.

⑤ gēn shéi yì qǐ chī de
跟谁一起吃的？
With whom?

⑥ gēn dì di
跟弟弟。
With my brother.

(2)

① 中午吃了什么？
② 比萨。
③ 好吃吗？
④ 嗯，很好吃。

LEARN SOME WORDS STEP BY STEP

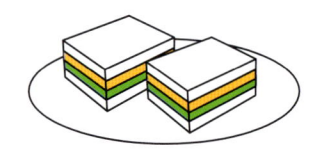

三明治 sānmíngzhì
sandwich

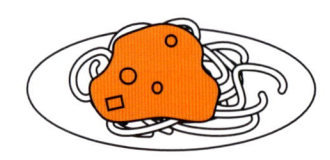

意大利面 Yìdàlì miàn
spaghetti

咖哩饭 gālífàn
curried rice

面条 miàntiáo
noodles

烤鸭 kǎoyā
roast duck

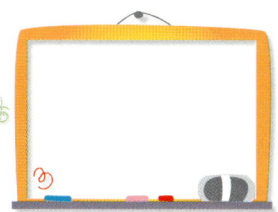

What are they saying

1. zhōng wǔ chī le shén me
   中午吃了什么？
   What did you eat for lunch?

2. bǐ sà
   比萨。
   Pizza.

3. hǎo chī ma
   好吃吗？
   Was it delicious?

4. ǹg hěn hǎo chī
   嗯，很好吃。
   Yes, it was.

LEARN SOME WORDS STEP BY STEP

方便面 fāngbiànmiàn
instant noodles

汉堡 hànbǎo
hamburger

比萨 bǐsà
pizza

面包 miànbāo
bread

19 怎么去的（呢）？

(1)

1. 昨天你去哪里了？
2. 去了学校。
3. 怎么去的？
4. 坐公共汽车去的。
5. 学校在哪里？
6. 北京。

How did you get there?

What are they saying

① zuó tiān nǐ qù nǎ li le
昨天你去哪里了？
Where did you go yesterday?

② qù le xué xiào
去了学校。
I went to school.

③ zěn me qù de
怎么去的？
How did you get there?

④ zuò gōng gòng qì chē qù de
坐公共汽车去的。
By bus.

⑤ xué xiào zài nǎ li
学校在哪里？
Where is your school located?

⑥ běi jīng
北京。
In Beijing.

(2)

① 你前天去哪里了?

② 去了百货商场。

③ 坐公共汽车去的吗?

④ 不,是走着去的。

⑤ 跟谁去的?

⑥ 跟爸爸、妈妈一起。

What are they saying

① nǐ qián tiān qù nǎ li le
你前天去哪里了？
Where did you go the day before yesterday?

② qù le bǎi huò shāng chǎng
去了百货商场。
I went to the Department Store.

③ zuò gōng gòng qì chē qù de ma
坐公共汽车去的吗？
Did you go by bus?

④ bù zǒu zhe qù de
不，走着去的。
No. I walked there.

⑤ gēn shéi qù de
跟谁去的？
With whom did you go?

⑥ gēn bà ba mā ma yì qǐ
跟爸爸、妈妈一起。
With my dad and mom.

20 看电视了吗？

1. 昨天你看电视了吗？
2. 嗯，看了。好看。
3. 昨天你去学校了吗？
4. 嗯，去了。
5. 昨天你做了什么？
6. 读了书。

Did you watch TV?

What are they saying

1 zuó tiān nǐ kàn diàn shì le ma
昨天你看电视了吗？
Did you watch TV yesterday?

2 ǹg kàn le hǎo kàn
嗯，看了。好看。
Yes, I did. It was very interesting.

3 zuó tiān nǐ qù xué xiào le ma
昨天你去学校了吗？
Did you go to school yesterday?

4 ǹg, qù le
嗯，去了。
Yes, I did.

5 zuó tiān nǐ zuò le shén me
昨天你做了什么？
What did you do yesterday?

6 dú le shū
读了书。
I read a book.

LEARN SOME WORDS STEP BY STEP

看书了吗？　kàn shū le ma
Did you read a book?

电视游戏机玩儿了吗？　diànshì yóuxìjī wánr le ma
Did you play video games?

果汁喝了吗？　guǒzhī hē le ma
Did you drink fruit juice?

睡觉了吗？　shuìjiào le ma
Did you go to bed?

饭吃了吗？　fàn chī le ma
Did you eat a meal?

面包买了吗？　miànbāo mǎi le ma
Did you buy bread?

21

站起来！

zhàn qǐ lai	jìng lǐ	zuò xia
站起来！	敬礼！	坐下
stand up	salute	sit down

zǒu	tíng	shǒu jǔ qǐ lai
走！	停！	手举起来！
go	stop	raise your hand

shǒu fàng xia	bǎ shū dǎ kāi	bǎ shū hé shang
手放下！	把书打开！	把书合上！
put your hand down	open your book	close your book

80

Stand up

qǐ chuáng
起床！
get up

shuì jiào
睡觉！
fall asleep

chàng gē
唱歌
sing

chī
吃！
eat

hē
喝！
drink

niàn
念！
read

shuō huà
说话！
speak

ān jìng yí xià
安静一下！
be quiet

lái zhè li
来这里！
come here

81

第二册也学好了！
dì-èr cè yě xué hǎo le
The second volume is finished.

我现在很会说汉语！
wǒ xiànzài hěn huì shōu Hànyǔ
Now I can speak Chinese.

恭喜你！
gōngxǐnǐ
Congratulations!

你说汉语说得很棒！
nǐ shuō Hànyǔ shuō de hěn bàng
Your Chinese is very good.

Appendices

wénjù

yuèqì diànqì

jiāzú

dòngwù

niǎo

shūcài

shuǐguǒ

1 运动 yùndòng (Sports)

篮球 lánqiú
(basketball)

足球 zúqiú
(football)

棒球 bàngqiú
(baseball)

排球 páiqiú
(volleyball)

滑雪 huáxuě
(ski)

羽毛球 yǔmáoqiú
(badminton)

网球 wǎngqiú
(tennis)

乒乓球 pīngpāngqiú
(table tennis)

拳击 quánjī
(boxing)

马拉松 mǎlāsōng
(marathon)

工夫 gōngfu
(gongfu)

游泳 yóuyǒng
(swimming)

84

❷ 颜色 yánsè (Colors)

茶色 chásè (brown)

紫色 zǐsè (purple)

蓝色 lánsè (blue)

灰色 huīsè (gray)

绿色 lǜsè (green)

黑色 hēisè (black)

粉红色 fěnhóngsè (pink)

橘黄色 júhuángsè (orange)

黄色 huángsè (yellow)

红色 hóngsè (red)

白色 báisè (white)

85

❸ 味道 wèidào (Tastes)

甜 tián
(sweet)

辣 là
(spicy)

苦 kǔ
(bitter)

咸 xián
(salty)

苦涩 kǔsè
(puckery)

酸 suān
(sour)

❹ 大厦 dàshà (Buildings)

饭店 fàndiàn (hotel)

电影院 diànyǐngyuàn (cinema)

剧场 jùchǎng (theater)

百货商场 bǎihuò shāngchǎng (department store)

银行 yínháng (bank)

超级商场 chāojí shāngchǎng (supermarket)

邮局 yóujú (post office)

学校 xuéxiào (school)

医院 yīyuàn (hospital)

87

❺ 房间 fángjiān (Room)

- 天花板 tiānhuābǎn (ceiling)
- 书架 shūjià (bookshelf)
- 窗户 chuānghu (window)
- 台灯 táidēng (desk lamp)
- 窗帘 chuānglián (curtain)
- 枕头 zhěntou (pillow)
- 椅子 yǐzi (chair)
- 桌子 zhuōzi (desk)
- 床单 chuángdān (sheet)
- 床 chuáng (bed)
- 拖鞋 tuōxié (slippers)
- 毯子 tǎnzi (blanket)

6 天气 tiānqì (Weather)

晴 qíng
(sunny)

天气 tiānqì
(weather)

天气预报 tiānqì yùbào
(weather forecast)

天 tiān
(sky)

空气 kōngqì
(air)

彩虹 cǎihóng
(rainbow)

阴 yīn
(cloudy)

下雨 xiàyǔ
(rain)

云 yún
(cloud)

雨 yǔ
(rain)

雪 xuě
(snow)

风 fēng
(wind)

雾 wù
(fog)

下雪 xiàxuě
(snow)

晴 qíng
(sunny)

闪 shǎn
(lightning)

雷 léi
(thunder)

刮风 guāfēng
(windy)

地震 dìzhèn
(earthquake)

洪水 hóngshuǐ
(flood)

89

7 季节 jìjié (Seasons)

春天 chūntiān
(spring)

暖和 nuǎnhuo
(warm)

樱花 yīnghuā
(oriental cherry)

看樱花 kàn yīnghuā
(go to see the oriental cherry trees)

雨 yǔ
(rain)

雨伞 yǔsǎn
(umbrella)

梅雨 méiyǔ
(rainy season)

夏天 xiàtiān
(summer)

热 rè
(hot)

闷热 mēnrè
(sultry)

汗 hàn
(sweat)

秋天 qiūtiān
(autumn)

凉快 liángkuai
(cool)

风 fēng
(wind)

落叶 luòyè
(falling leaves)

冷 lěng
(cold)

雪 xuě
(snow)

冰 bīng
(ice)

冬天 dōngtiān
(winter)

90

图书在版编目(CIP)数据

快乐儿童汉语.2 / SISA 汉语文化苑编著. －北京：
华语教学出版社，2004.1
ISBN 7-80052-928-2

I. 快... II.S... III. 汉语－儿童教育－对外汉语教学－教材 IV.H195.4

中国版本图书馆 CIP 数据核字(2003)第 090002 号

韩国时事出版社授权华语教学出版社在中国独家出版发行汉英版

Fun Chinese for Kids

快乐儿童汉语 ❷

编著：SISA 汉语文化苑

英文翻译：韩芙云　　英文编辑：韩　晖
中文编辑：贾寅淮　　印刷监制：佟汉东
装帧设计：唐少文

© 华语教学出版社
华语教学出版社出版
（中国北京百万庄路 24 号）
邮政编码 100037
电话：(86)10-68995871 / 68326333
传真：(86)10-68326333
电子信箱：hyjx@263.net
北京外文印刷厂印刷
中国国际图书贸易总公司发行
（中国北京车公庄西路 35 号）
北京邮政信箱第 399 号　邮政编码 100044
2004 年（16 开）第一版
著作权合同登记图字 01-2002-5415
ISBN 7-80052-928-2 / H.1513（外）
9-CE-3592PB
定价：38.00 元

Copyright 2004 by Sinolingua
Original Korean Edition Copyright 2002 SISA Education